讓改變發生的
50個關鍵課題

工作筆記本

陳　朝　益
構　思　企　畫

大寫出版《如何讓改變發生？》套書贈品

讓改變發生的
50個關鍵課題

知道如何改變 (Know-How)，就能成功改變？

立志改變就會成功？有志者事竟成？

自己努力改變，就會改變成功？

如何由
「知道如何改變」——「如何讓改變發生」？

1

反思

坦然面對自己，在哪個情境你會選擇「改善」、「創新」、「創造」，在哪些情境下，你願意坦然說出「不知道」而尋求外來的協助。

如何讓改變發生 ─ 架構

A. Why
為什麼要改變？

B. How
該怎麼改變？

C. What
該做什麼改變？

大趨勢

Think inside the box, 改善，
Think outside the box, 創新，
Think without the box, 創造，
Not knowing (Disruptive), 不知道。

2

反思

面對自己的生活和生命，以下這些主題哪幾個對你特別扎心特別有感覺？為什麼？

新的大環境常態 ── DDCU + 3G

Dynamics, 動態
Diversity, 多元
Complexity, 複雜
Uncertainty, 不確定
+
Globalization, 全球化
Generation, 世代交替
Gender, 男女平權

── TEMPLES

Technology, 科技
Economics, 經濟
Marketing, 市場
Politics, 政治
Legal, 法律
Environment, 環保
Social, 社會價值

3

反思

將生命分成四個領域：個人成長，婚姻家庭，職業發展，社交生活；
在每一個領域，你在哪個階段？你還滿意嗎？你希望往哪個階段移
動？你做了什麼改變？

自我覺察 — 現在我在哪個階段？

反思

安靜下來，坦然的面對自己，圖中的四個領域，你生活在哪個區塊？
你滿意嗎？是否還有沒有被滿足的需要？你需要協助嗎？

約哈瑞窗 (Johari Window) ―
自我覺察，教練是一盞燈

5

反思

在日常生活中，你無意識的反應有多少？哪些事，你希望做有覺察的選擇？

6

反思

你有過這個經歷嗎？說說你的故事。是什麼？為什麼？你最後走過來了嗎？憑什麼？

「知道到做到」是世界上最遠的距離。

7

反思

我心中有崇高的理想，是什麼力量拉我回現實，讓我「放棄」？告訴自己「這不可能」，又是什麼力量叫我「奮勇再起」？

我願意放下自己，相信希望嗎？這是「一念之轉」。

FEAR, 恐懼

Forget Everything And Run
不管三七二十一，跑了再說
Face Everything And Rise-up
勇敢面對，奮勇再起

── 這是一個心思意念的選擇

8

反思

定義一個你心中所面對的困境，你現在在哪一個階段？

你的行為表現是什麼？該怎麼辦？

你願意成為那 10% 的人嗎？找個教練談談。

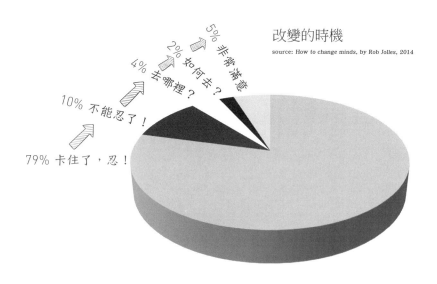

改變的時機

source: How to change minds, by Rob Jolles, 2014

反思

你目前有改變的主題嗎？你能描述一下嗎？

我想改變的主題是：

為什麼需要改變？

參考主題：早睡早起，健身減重，工作和家庭的平衡，溝通對話，拖拖拉拉（拖延），清潔習慣……等。

你認同這些改變前的自我修煉嗎？

Courage, 勇氣
Humility, 謙卑
Disciplined, 紀律
Vulnerability, 敢於展示脆弱

10

反思

你的改變，是換軌還是精進？

換軌是「由 A 到 B」

精進是「從 A 到 A+」

11

反思

成功的改變必須是三軸心，不只要「厭棄」舊有的，更要「渴慕」
新生成的美好未來景象，「急迫」著要馬上看見並發生；你的改變
主題有具備這三要素嗎？舉例：捨棄戒菸戒酒，另外需要同時養成
健康習慣才能持續，它急迫要改變嗎？

渴慕，新生，新長成   捨棄，厭棄

Outside in   *Inside out*
由外而內   由內而外

急迫

成功改變的三軸心
— 渴慕，厭棄，急迫

12

反思

安靜下來，好好仔細看它的架構和流程，你對想做的改變有「厭棄，渴慕，急迫」因素嗎？你願意試試看嗎？你會怎麼做？

改變的七個關鍵因素

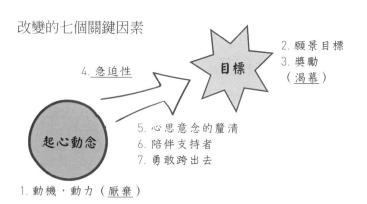

13

反思

1. 動機哪裡來？外來到刺激和內在需要的覺察。

2. 動力哪裡來？自己願意投入，因為這個機會是你擅長和熱情渴望的。
你今天所選定的改變主題，動機和動力夠強嗎？你能說服自己「現在必須改變」嗎？

激起改變的動機和動力
—— 渴慕，厭棄

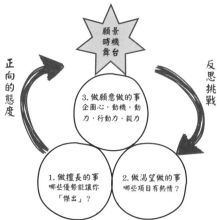

14

反思

Urgency, 急迫。Significance, 意義。Criticalness, 關鍵。

這個改變對你急迫嗎？

今日不做明日會後悔，它關鍵重要嗎？

對你的意義又有多重大？

15

反思

在心思意念的範疇裡，哪個元素對你這個改變主題特別突顯或是扎心？你有察覺嗎？

心思意念的戰場

2.情境、目標

3.傳承 遺傳 DNA 文化 傳統 原生家庭	4.學習 知識 智慧 經驗 假設 社會價值	5.感受 情緒	6.想法 心聖 心魔	7.良知	8.企圖心

1.我是誰？
自我的認知、定位、心理羅盤、使命感、價值觀、願景

16

反思

Self – awakening, 自我覺察

Self – Regulation, 自我規範

Self – Authoring，自我實現

A.C.E.R 全人教練模式

教練是喚醒生命，協助改變

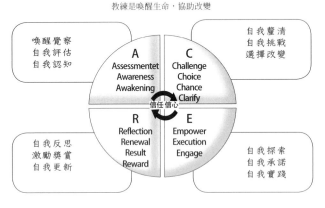

喚醒覺察
自我評估
自我認知

A
Assessmentet
Awareness
Awakening

C
Challenge
Choice
Chance
Clarify

自我釐清
自我挑戰
選擇改變

信任 信心

R
Reflection
Renewal
Result
Reward

E
Empower
Execution
Engage

自我反思
激勵獎賞
自我更新

自我探索
自我承諾
自我實踐

17

反思

你如何看到自己的行為呢？

又如何查驗他人行為後面的動機呢？

如何理解他想說但是沒有說出來的話呢？

「我們只查驗自己的動機，但是卻批判他人的行為。」

18

反思

面對我想改變的目標，除了心態和信心之外，還需要有能力的建設，針對你的改變主題，你知道你的能力差距是什麼嗎？你如何來強化和補足？

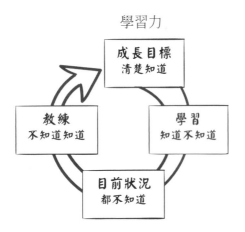

19

反思

反思是學習成長最重要的一環，每做完一件事，要暫時停下來，一般人勤寫筆記，智慧人只寫心得。不是寫筆記不好，而是寫心得更重要，這是轉化和內化，應用行動的基礎，這是真學習。

20

反思

我選擇改變，請你幫助我！

你願意面對你身邊支持你的人，公開大聲的說出這請求？這是踏出
改變的第一步！

我的決定：

☐ 願意

☐ 再考慮一下

☐ 不是現在

21

反思

邀請你信得過並且和這個改變主題相關的人來加入「支持者」行列
成為你的鏡子，定期針對你所要改變的行為，真實回報他們的觀察
不做任何的批判。你會邀請誰呢？

22

反思

我要達成的目標是什麼？我現在在哪裡？

我有哪些可能的選擇？哪個對我最合適？

誰合適可以做我的支持陪伴者？

再檢視我改變的場域（人，時機，動機，策略，方法，行動，反思）

GROWS 2.0 模式

6 RM
Right Man and Members
有好的領導者及團隊
Right Motives
好的動機
Right Moment
對的時間與機會
Right Model
好的策略
Right Method
好的實踐方法
Right Management
好的管理

選項1

GOAL
目標

Will, 決心, 意志力

Stakeholders, 支持者

選項2

Reality, 現實狀況
Resources, 資源
Restriction, 限制條件
Role & Responsibility, 角色與責任

23

反思

哪四件事情對我的改變成功特別關鍵？

MBO（Managed by objectives, 目標管理）針對這四個重點裡的每一個項目，我預備如何做？哪些是關鍵指標？我會如何來檢驗是否有達成？

24

反思

對於你想改變的主題，具備有清晰達成願景所需的關鍵元素，你會如何選擇哪些要存留並強化，哪些捨棄？哪些要加緊學習？哪些要靠自己創造？

VIA, Valua in Action: 價值啟動

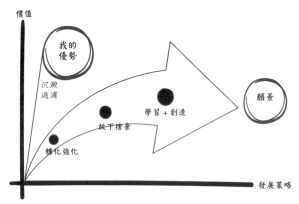

25

反思

記錄：全力以赴反思表

我每天都有清楚的改變目標嗎？我有清楚的執行重點嗎？

每天定期的評估當天的進展，我是否有全力以赴？

我是否有全力以赴？ 檢查表（1-10 分）	週1	週2	週3	週4	週5	週6	週日	平均
我每天有明確的執行和發展目標								
我今天有達成目標使命								
針對人才發展我全力以赴開展								
我每天至少和三個員工一對一對話								
我對每一個會議都有清楚目標								
我對每一個會議決議都有追踪								
我每天安靜思考至少三十分鐘								
我對直屬主管採用教練式領導模式								
對於新產品開發的進度追踪								
（…自行追加）								

26

反思

每個月初和每一個支持陪伴你的人簡單問兩個問題：

過去一個月，針對我要改變的課題，你覺得哪些地方我做得還不錯？哪些地方可以做得更好？

只要安靜的傾聽，最後只說「謝謝」。

MAP（每月行動計劃）

目標		
指標	過去一個月主要的進展（紅，黃，綠）	下一個月需要努力的兩個重點是什麼？

27

反思

改變不能只是自己悶著頭幹，或是私下努力的幹，它的力道可能還是不夠強勁，我們的改變系統設計是「自己要願意改變」，同時也要對外面的人做出承諾：「我要改變，請你幫助我！」

28

反思

你認同這個圖表的內容嗎？

哪些主題對你特別有感受？

當一個領導人，在「管理」與「領導」間你會做什麼改變？

管理與領導

管理

- 指導（Directing）
- 要我做，被動承擔責任
- 針對弱點，權力集中，下命令
- 要齊一，標準化，組織裡的螺絲釘
- 恐懼和壓力管理
- 主管萬能
- 目標導向，就事論事
- 標準流程（SOP），效率，短期，細節管理，指標（KPI）
- 盡力而為，執行力，凡事報告
- Go,Go,Go……

領導

- 引導 (Leading)
- 發展（Developing）
- 我要做，主動承擔責任
- 強化人性優點
- 認建立共識，尊重不同
- 主動參與，貢獻價值
- 協助和支持，夥伴，激勵熱情
- 合力共創：我們都是人才
- 願景、使命、目標、熱情
- 效益，中長期
- 創造客戶價值，使命必達
- 探詢，傾聽，分享，挑戰…
- Let's go

29

反思

這是深層信任發展的流程,其間還有一個主軸,叫做「時間的考驗」,沒有捷徑。

領導力發展架構

領導風範 / 挑戰
Executive Presence

信任
Trust

同理對話
Empathetic Dialogue

連結關係
Connect, Relationship

30

反思

你願意做一個簡單的領導力掃描嗎？

這是相對的位置圖，找到「目前狀態」和「理想狀態」的位置，中間為什麼有這個差距？你願意改變嗎？

我的領導風格掃瞄

目前狀態	理想狀態
管理	領導
我說了算	分工授權
謹慎	冒險
動口型	參與型
做事	做人
個人	團隊
細節	大局
遵循	創新

31

反思

你對哪幾個特別有感受？

那幾個主題就是對你說話的，你會做什麼改變？

主管們的迷思

想贏的心態：

凡事都有定見，聽不進去不同的意見，努力為自己的立場辯護，用「說服，影響力，最後就是權力」來溝通。它的底層是面子和安全感問題。

凡事想加值 (Add-on value)，否則認為自己失職：

最常用的字眼是「你說的不錯，不過呢⋯，我還有一點補充意見⋯；或是 Yes but⋯」結果是加值 5%，員工士氣降低 50%」

貼標籤：

「他總是⋯, 他不行⋯」。是他們的口頭禪，總認為自己是識人高手，員工一被貼上標籤在組織裡就永不得翻身。

完美主義者：

吝於讚美，喜歡在雞蛋裡挑骨頭，無論員工多麼努力，他認為總是有改善的空間，而看不見員工的優點，給予適時的讚美。

好搶員工的功勞：

一將功成萬骨枯型的主管；好主管的典範是責任一肩扛，功勞大家享；他的用語裡只有我，沒有我們。

無法控制自己的情緒：

話很多但是沒有重點，更無法傾聽他人說話，無法容忍不同的聲音，甚至於懲罰信差；更沒有說謝謝的雅量。

32

反思

領導起自於自我覺察,自我管理和自我開展:你和自己的關係如何?
你能自我認同接納敢於給自己挑戰嗎?其次才是與他人的關係,同
理對話和合作信任。

領導力發展藍圖

自我認知	人與人關係認知
Self-awareness	Social-awareness
自我管理和開展	人與人關係的 管理和開展
Self-regulation/ Authoring	Relationship- management/ Authoring

33

反思

「權力是實現目標的動力，愛是合一的動力」，在權力與愛中間，你如何均衡？

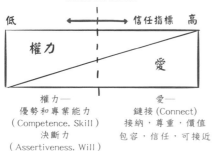

領導者的資源

source: Power and Love

低 ←——→ 信任指標 高

權力

愛

權力——
優勢和專業能力
（Competence, Skill）
決斷力
（Assertiveness, Will）

愛——
鏈接（Connect）
接納，尊重，價值
包容，信任，可接近

能使用愛時，絕不用權柄—謙卑
需要用權柄，絕不逃避—勇氣
愛是一切行為的總綱—紀律

34

反思

每一個人都會有不同的 FAITH 觀點, 如何先幫助對方釐清？人照鏡子仍看不到自己，除非有光，教練式的對話就是那一道光。

開啟一席教練型對話

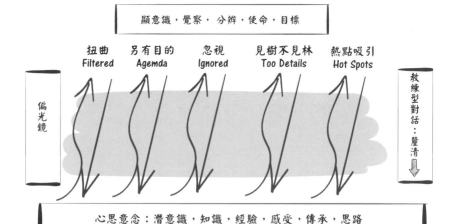

顯意識，覺察，分辨，使命，目標

| 扭曲 Filtered | 另有目的 Agemda | 忽視 Ignored | 見樹不見林 Too Details | 熱點吸引 Hot Spots |

偏光鏡

教練型對話：釐清

心思意念：潛意識，知識，經驗，感受，傳承，思路

35

反思

反思：教練式對話的四個面向：

釐清，連結，深化，挑戰。你願意試試如何使用嗎？

對話力的四個面向：ECFA

36

反思

「同理對話 (Empathetic Dialogue)」是深度傾聽的應用,不只是要能聽得懂,更要能聽懂對方的「感受,需求和請求」,並能及時採取行動。做為一個領導人,你聽懂了嗎?你有行動嗎?

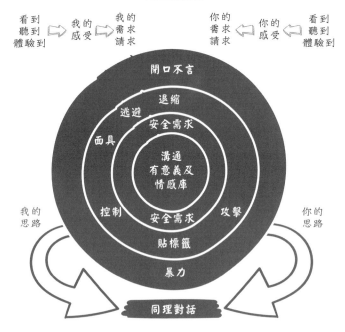

同理式對話

37

反思

教練式領導人不會只唱「組織的需求」這首歌，他們會花更多的時間做「同理對話」，了解對方的「個人需求」，就是「感受，需要和期待」，這是雙方互信，承諾和投入的基礎。

38

反思

你最信任誰？為什麼？他有什麼特質？你值得被信任嗎？你需要有什麼成長改變？

信任的建設因子：5C

能力
Competence

承諾
Commitment

信譽

品格
Character

關心
Care

情感投入（親密度）
Emotional Engagement: Intimacy

39

反思

你有不被信任或是不信任人的經驗嗎？你願意試試這個「重建信任」的對話嗎？

一位高階主管感受到他老闆對他的不信任，這讓他無法放手的施展，在沉思後，他決定走出這陰暗，破除這道看不見的牆，這是他和我分享的心路歷程：

覺察：他自己覺察到自己「不被信任」，可能是人格特質，可能是能力，自己的態度或是承諾，表現⋯⋯等。
釐清自己對主管的信任，這是沒有一絲懷疑的。
選擇：他決定要勇敢面對不逃避，不是反擊而是建立一場溝通性的對話，開啟一個『關鍵對話』。
處理好自己的情緒：他先處理好心中的情緒。
選擇勇敢的承擔和面對：他承認面對今天的狀況，自己有『絕大的責任』，他可以做得更好。
結果：在這場的對話結束時，他和老闆深深的擁抱。

40

反思

發現個人的「本質」：源自人格和天賦才能，個人優勢，再找到一個對的舞台盡情施展，要能落地，鍛煉「體質」，然後才有機會發展個人的「特質」。

建立你個人獨特的領導風格
DEVELOPING YOUR
SIGNATURE LEADERSHIP STYLE

41

反思

面對不同能力和投入度的員工和不同的情境，你何時教導？何時成
為業師，導師或是教練？不再一招打天下。

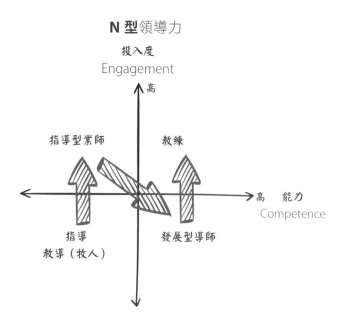

42

反思

如何建立一個健康活力組織？領導者要先建立這無形疆界，員工才會有安全感，才能全人投入，知道組織疆界，才敢於盡情揮灑，展示天賦才能。

43

反思

邀請對的人上車,將他們放在對的位置上,激勵他們全力以赴,使命必達。

這說來簡單但是不容易做到;基於每個人的不同,要能認同組織文化,包容,合一,承諾,承擔責任,績效才能顯現。

44

反思

成就感來自於超越自己和他人的期待,而不只是達成目標,先建立信任基礎,「敢給於挑戰」是領導者的重要能力之一;今天你給出多少個挑戰了?

45

反思

寧靜革命

有清楚的目標,要有強烈渴望達成目標的動機,不滿足於現有運作方式,也有強烈的渴望尋找新的方法來改變,並且要相信改變有機會成功。成功的改變啟動於熟悉的路徑,而非必須走一條全然陌生的道路,好似一塊三明治,不同的三明治只換內餡而不換外裝,「A」到「A+b」到「a+B」到「C」是一個可能選擇。

精進:寧靜革命
三明治精進法則

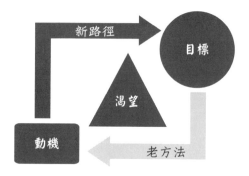

46

反思

覺察改變的需要時，不是馬上行動做出改變，這是盲動，憑直覺反應，改變需要有設計和流程，要有團隊成員的參與，有預備好所需的能力工具和資源，調整好心態和策略，才開始啟動改變。

「如何讓改變發生」流程

五黃金法則	翻轉心思意念	工具箱
1. 心理預備	啟心，動念	改變的七個關鍵因素
2. 行動預備	大破，大立	GROWS 2.0，支持者，MAP. LATTE, VIA MBO, MBP, SMART
3. 開始行動	合力共創	LBO, MAP
4. 邁向巔峰	堅毅達標	追踪，記錄 (Journal)， 全力以赴檢查表，MAP
5. 永續發展	高峰體驗	RAA, Feed-forward

47

反思

這是團隊「合力共創」所需要的工具，在不同的專案裡，如何和和團隊成員互動？在你的改變專案裡，你如何讓團隊成員參與？他們又扮演什麼角色和責任？

大眾參與 Public Engagement

參考資料：IAP2

	行為	目的	決策者
1	告知 inform	決策說明會 + 問答	主管單位
2	諮詢 consult	傾聽大眾的意見，做為決策的參考	主管單位
3	參與 involve	大眾參與決策過程的討論	主管單位
4	合力共創 collaborate	大眾平等的參與決策流程	合作雙方 共同決策
5	賦權 empower	在規範內，大眾自行討論並作決策	大眾團隊

48

反思

開始覺察改變的需要，學習如何改變，領導人自己先做改變，再來做組織氛圍設計改變，最後才是啟動全面的改變。

Team transformation
團隊轉型流程

Learn to change ：覺察／學習改變
Be the change ：自我改變
Design to change ：設計改變
Lead the change ：領導改變
Sustain the change： 持守改變

49

反思

「合力共創」是創新組織必備的元素，唯有透過關係重塑，同理對話，建立信任，敢於挑戰，才有機會創新。

50

反思

「改變」就是逆風飛翔，你預備好了嗎？
你敢於逆風飛翔嗎？什麼時候邁出第一步？

在藍天白雲的晴天，我們常會在開闊的天空中看到老鷹在盤旋，他們知道舒適的氛圍不能幫他們飛高，飛高的唯一方法是「逆風飛翔」，這要付上代價犧牲自己的舒適，努力朝著目標向前；我們有覺察自己的行為嗎？每天有多少時間待在舒適區？又有多少時間在「逆風飛翔」呢？

RAA
□ 反思
□ 轉化
□ 行動

DATE　　　　/　/
SUBJECT

RAA

☐ 反思
☐ 轉化
☐ 行動

DATE   / /
SUBJECT

RAA
- ☐ 反思
- ☐ 轉化
- ☐ 行動

DATE   / /
SUBJECT

RAA

☐ 反思
☐ 轉化
☐ 行動

DATE   /   /
SUBJECT

RAA
☐ 反思
☐ 轉化
☐ 行動

DATE　　　 / /
SUBJECT

RAA
□ 反思
□ 轉化
□ 行動

DATE　　　　/ /
SUBJECT

RAA

☐ 反思
☐ 轉化
☐ 行動

DATE   / /
SUBJECT

RAA

☐ 反思
☐ 轉化
☐ 行動

DATE　　　　/ /
SUBJECT

RAA

☐ 反思
☐ 轉化
☐ 行動

DATE 　　　　/ 　/
SUBJECT

RAA

☐ 反思

☐ 轉化

☐ 行動

DATE   /   /
SUBJECT

RAA

- ☐ 反思
- ☐ 轉化
- ☐ 行動

DATE   / /
SUBJECT

RAA

☐ 反思
☐ 轉化
☐ 行動

DATE　　　/　/
SUBJECT

RAA

☐ 反思

☐ 轉化

☐ 行動

DATE　　　/ /
SUBJECT

RAA

☐ 反思
☐ 轉化
☐ 行動

DATE   / /
SUBJECT

RAA
□ 反思
□ 轉化
□ 行動

DATE   / /
SUBJECT

RAA

☐ 反思
☐ 轉化
☐ 行動

DATE   / /
SUBJECT

RAA
- ☐ 反思
- ☐ 轉化
- ☐ 行動

DATE   / /
SUBJECT

RAA
☐ 反思
☐ 轉化
☐ 行動

DATE   / /
SUBJECT

RAA

□ 反思
□ 轉化
□ 行動

DATE   /   /
SUBJECT

RAA

□ 反思
□ 轉化
□ 行動

DATE   / /
SUBJECT

RAA

☐ 反思
☐ 轉化
☐ 行動

DATE   / /
SUBJECT

RAA
☐ 反思
☐ 轉化
☐ 行動

DATE   / /
SUBJECT

RAA

☐ 反思
☐ 轉化
☐ 行動

DATE   / /
SUBJECT

RAA
□ 反思
□ 轉化
□ 行動

DATE　　　　/　/
SUBJECT

RAA

☐ 反思

☐ 轉化

☐ 行動

DATE / /
SUBJECT

RAA

□ 反思

□ 轉化

□ 行動

DATE / /
SUBJECT

RAA

□ 反思

□ 轉化

□ 行動

DATE   / /
SUBJECT

RAA

☐ 反思
☐ 轉化
☐ 行動

DATE   / /
SUBJECT

RAA
- □ 反思
- □ 轉化
- □ 行動

DATE   / /
SUBJECT

RAA
☐ 反思
☐ 轉化
☐ 行動

DATE　　　　/ /
SUBJECT

RAA
☐ 反思
☐ 轉化
☐ 行動

DATE   / /
SUBJECT

RAA

☐ 反思
☐ **轉化**
☐ 行動

DATE   / /
SUBJECT

RAA

- □ 反思
- □ 轉化
- □ 行動

DATE   / /
SUBJECT

RAA

□ 反思
□ 轉化
□ 行動

DATE　　　/　/
SUBJECT

RAA
□ 反思
□ 轉化
□ 行動

DATE　　　/　/
SUBJECT

RAA
☐ 反思
☐ 轉化
☐ 行動

DATE　　　　／　／
SUBJECT

RAA

□ 反思
□ 轉化
□ 行動

DATE   / /
SUBJECT

RAA

☐ 反思
☐ 轉化
☐ 行動

DATE   / /
SUBJECT

RAA

- ☐ 反思
- ☐ 轉化
- ☐ 行動

DATE   / /
SUBJECT

RAA

☐ 反思
☐ 轉化
☐ 行動

DATE   / /
SUBJECT

RAA
□ 反思
□ 轉化
□ 行動

DATE　　　　／　／
SUBJECT

RAA

☐ 反思
☐ 轉化
☐ 行動

DATE / /
SUBJECT

RAA

□ 反思

□ 轉化

□ 行動

DATE　　　/ /
SUBJECT

RAA
☐ 反思
☐ 轉化
☐ 行動

DATE　　　　/　/
SUBJECT

RAA

☐ 反思
☐ 轉化
☐ 行動

DATE   / /

SUBJECT

RAA

☐ 反思
☐ 轉化
☐ 行動

DATE   / /
SUBJECT

RAA
☐ 反思
☐ 轉化
☐ 行動

DATE   / /
SUBJECT

RAA

☐ 反思

☐ 轉化

☐ 行動

DATE　　　/ /
SUBJECT

RAA
- ☐ 反思
- ☐ 轉化
- ☐ 行動

DATE / /
SUBJECT

RAA

- □ 反思
- □ 轉化
- □ 行動

DATE　　　　/　/
SUBJECT

RAA
☐ 反思
☐ 轉化
☐ 行動

DATE   / /
SUBJECT

RAA
☐ 反思
☐ 轉化
☐ 行動

DATE   / /
SUBJECT

RAA
□ 反思
□ 轉化
□ 行動

DATE   / /
SUBJECT

RAA

☐ 反思

☐ 轉化

☐ 行動

DATE   / /
SUBJECT

RAA
□ 反思
□ 轉化
□ 行動

DATE   / /
SUBJECT

RAA
□ 反思
□ 轉化
□ 行動

DATE   / /
SUBJECT

RAA

☐ 反思
☐ 轉化
☐ 行動

DATE   /   /
SUBJECT

RAA

☐ 反思

☐ 轉化

☐ 行動

DATE   / /
SUBJECT

RAA
□ 反思
□ 轉化
□ 行動

DATE   / /
SUBJECT

RAA

☐ 反思

☐ 轉化

☐ 行動

讓改變發生的
50個關鍵課題

工作筆記本

陳　朝　益
構　思　企　畫

前英特爾台灣 / 中國區總經理
前 ICF 台灣分會理事長　PCC
美國赫德遜教練學院 (Hudson Institute of coaching) 認證教練
【信任，改變，領導力】教練

Daviddan2007@Gmail.com
www.linkedin.com/in/Daviddan
www.coachd2.com

大寫出版 《如何讓改變發生？》系列套書贈品